BEI GRIN MACHT SICH IHR
WISSEN BEZAHLT

Bibliografische Information der Deutschen Nationalbibliothek:

Die Deutsche Bibliothek verzeichnet diese Publikation in der Deutschen National-bibliografie; detaillierte bibliografische Daten sind im Internet über http://dnb.d-nb.de/ abrufbar.

Impressum:

Copyright © 2001 GRIN Verlag, Open Publishing GmbH
Druck und Bindung: Books on Demand GmbH, Norderstedt Germany
ISBN: 9783638745673

Dieses Buch bei GRIN:

http://www.grin.com/de/e-book/1763/technische-grundlagen-des-linux-betriebssys-tems-ein-ueberblick

Robin Lewis

Technische Grundlagen des Linux-Betriebssystems. Ein Überblick

GRIN Verlag

GRIN - Your knowledge has value

Der GRIN Verlag publiziert seit 1998 wissenschaftliche Arbeiten von Studenten, Hochschullehrern und anderen Akademikern als eBook und gedrucktes Buch. Die Verlagswebsite www.grin.com ist die ideale Plattform zur Veröffentlichung von Hausarbeiten, Abschlussarbeiten, wissenschaftlichen Aufsätzen, Dissertationen und Fachbüchern.

Besuchen Sie uns im Internet:

http://www.grin.com/

http://www.facebook.com/grincom

http://www.twitter.com/grin_com

Linux Grundlagen

Praxisarbeit

Ausbildungsbereich:	Wirtschaft
Fachrichtung:	Wirtschaftsinformatik
Studienjahrgang:	2000
Studienhalbjahr:	2000/2001

VON

ROBIN LEWIS

Inhalt

Einleitung

Die geschichtliche Entwicklung von Linux

In den 80er Jahren entwickelte der Professor für Computerwissenschaften, Andrew Tannenbaum, in den Niederlanden, ein UNIX ähnliches Betriebssystem mit dem Namen MINIX. Damit wollte er seinen Studenten ermöglichen, an ihren Computern zu Hause UNIX zu lernen.

Im Frühling des Jahres 1991, begann Linus Torvalds, Student an der Universität Helsinki in Finnland, sich Gedanken darüber zu mache, wie man die Fähigkeiten von MINIX erweitern könnte. Er entwickelte zunächst ein Steuerprogramm, dass in der Lage war zwischen zwei Programmen zu wechseln. Das erste sichtbare Ergebnis dieses Steuerprogramms war die Buchstaben „A" und „B", die abwechselnd auf dem Bildschirm ausgegeben wurden.

Daraus entstand dann ein einfaches Terminalprogramm: Ein Teil des Programms war dazu vorgesehen Zeichen von der Tastatur einzulesen und diese an die serielle Schnittstelle weiterzuleiten, ein anderer Teil des Programms war für die Übertragung der Daten von der seriellen Schnittstelle auf den Bildschirm zuständig. Dieses Steuerprogramm hatte später die Aufgabe den 80386 Chip von Intel zu verändern. Tovald wurde bei seinen Bestrebungen, stark von POSIX, einem Versuch Betriebssysteme zu vereinheitlichen, beeinflusst. Später portierte er den Linux Kernel auf die 64- Bit DEC Alpha Architektur. In der folgenden Zeit wurde der Linux Kernel auch noch auf andere Plattformen (z.B. Sparc) übertragen, was zum Teil mit erheblicher Unterstützung durch die Hersteller geschah.

Im Oktober 1991 veröffentlichte Torvald den Quellcode(Sourcecode) in der Version „.02", der dann 1994 die Kernelversion 1.0 folgte.

Allgemeine Informationen über Linux

Linux ist ein Betriebssystem für eine Vielzahl von Plattformen, dass dem Betriebssystem UNIX stark ähnelt. Der wichtigste Unterschied zu UNIX besteht darin, dass Linux von Anfang an unter die GPL(General Public License) gestellt wurde. Diese Lizenz ermöglicht jedem kostenlosen Zugang zum Sourcecode des Linux Betriebssystems. Dadurch wird Linux Bis zum heutigen Tage permanent von Experten aus aller Welt weiterentwickelt.

Zu Linux gehört ausserdem noch ein riesiges Paket von Programmen, die zum Lieferumfang gehören. Diese Zusatzprogramme sind für den Begriff „Distribution" verantwortlich.

Eine Linux Distribution ist eine Kombination aus dem eigentlichen Linux Betriebssystem und den Zusatzprogrammen. Die Distributionen unterscheiden sich voneinander nach der Ausstattung und Anzahl der Zusatzprogramme. Des Weiteren gibt es Distributionen, die direkt von CD bzw. Diskette gestartet werden, und solche, die auf der Festplatte gespeichert werden.

Die Vorteile der ersten Variante liegen in dem geringen Speicherbedarf, wobei hier jedoch Abstriche bei der Geschwindigkeit gemacht wurden, da der Start jedes Programms durch das Lesen von Cd's bzw. Disketten verzögert wird. Das ganze System arbeitet dadurch, im Vergleich zur zweiten Variante, wesentlich langsamer. Außerdem ist das CD Rom - bzw. Diskettenlaufwerk permanent belegt.

Trotzdem stellt diese Art der Distribution einen arbeitsfähigen Kompromiss dar, und ermöglicht insbesondere in Kombination mit anderen Betriebssystemen ein problemloses Kennenlernen von Linux.

Dennoch ist die gängigste Distribution von Linux die zweite Variante, in der Linux fest auf der Platte installiert wird. Deshalb wird auf diese Variante im Folgenden auch genauer eingegangen.

Dateien und Dateisystem

Die Grundlage jedes Dateisystems ist ein physikalisches Speichermedium, wie z.b. eine Festplatte oder eine CD, oder eines darauf festgelegten logischen Bereichs (Partition).

Auf einer Festplatte lassen sich dadurch, über verschiedene Partitionen, unterschiedliche Dateisysteme anlegen. Dadurch kann man auf einem Computer durchaus auch mehrere Betriebssysteme installieren, die auf unterschiedlichen Partitionen liegen. Ein Beispiel hierfür wäre ein Rechner, auf dem Linux und MS Windows parallel laufen und der Benutzer wählen kann, mit welchem Betriebssystem er den Rechner starten möchte.

Den prinzipiellen Aufbau einer Partition zeigt folgende Abbildung:

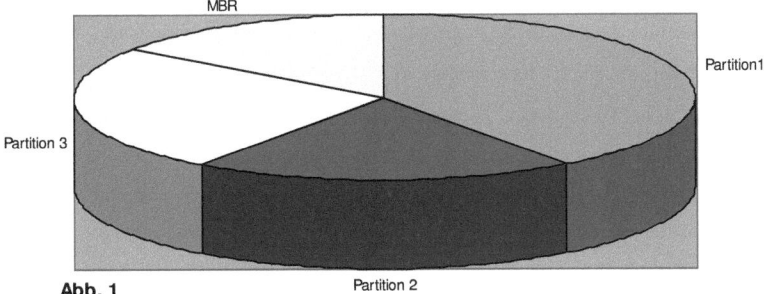

Abb. 1

Die Abbildung zeigt ein Partitionierungsbeispiel einer Festplatte: Es gibt drei Partitionen unterschiedlicher Größe. Die Informationen über Größe und Anzahl der Partitionen, also die logische Struktur der Festplatte sind im Master-Boot Record (MBR) hinterlegt. Falls keine Boot-Diskette eingelegt wurde, liest der Rechner beim Einschalten den MBR der Festplatte und erkennt dadurch, die dort als aktiv festgelegten, Partitionen und liest , jeweils, deren ersten Sektor. Die dort befindlichen Informationen starten ein Programm, dass das auf der Partition gespeicherte Kernel lädt und anschließend startet.

Außer dem Startblock enthält das Linux Dateiensystem als UNIX Ableger noch einen Superblock, eine Inode Liste und eine Vielzahl an Datenblöcken.

Der Superblock beinhaltet Informationen über die Struktur und den Status des Dateiensystems, die beim Erstellen des Dateiensystems übertragen werden. Des Weiteren enthält er die genaue Anzahl der Inodes (Index Knoten) und die Anzahl vorhandener, sowie freier Datenblöcke.

Die Inode Liste speichert die Verwaltungsinformationen von Dateien und Verzeichnissen.

Sie enthält Informationen bezüglich der Position und der Größe jeder Datei, die sich im Datenblockbereich befindet. Des Weiteren enthält sie alle zugriffsrelevanten Verwaltungsdaten, außer dem Dateinamen, der Bestandteil eines Verzeichniseintrages im Datenblockbereich ist, der den Dateinamen mit einer Inode Nummer verbindet.

Verzeichnisstruktur (Verzeichnisbaum)

Die Basis der Dateiverwaltung unter Linux bildet, wie auch unter UNIX, ein Verzeichnisbaum, der eine eindeutige Wurzel, nämlich das „root" Verzeichnis, enthält. Das „root" Verzeichnis ist durch einen ein Slash („/") gekennzeichnet.

Unter dem „root" Verzeichnis befinden sich Dateien, Verzeichnis, Verweise oder Gerätetreiber, die hierarchisch angeordnet sind. Jedes dieser Elemente hat eindeutige Attribute, die ihm zugeordnet sind und die die Grundlage für die Datensicherheit bilden.

Dem Linux Dateisystem liegt aus organisatorischen Gründen, eine Struktur zugrunde, die eine klare Abgrenzung zwischen Dienstprogrammen, Systemdateien und Anwenderdateien garantiert.

Diese Gliederung wurde mehrfach verändert und entspricht heute dem Schema der folgenden Abbildung:

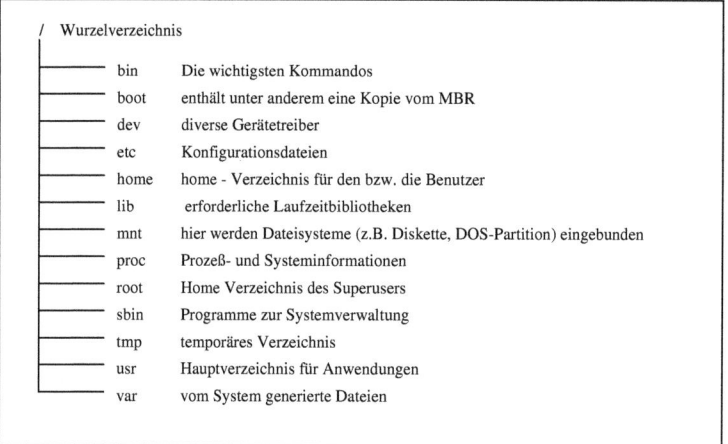

Abb. 2 Der Verzeichnisbaum unter Linux

Dateitypen

Der Verzeichnisbaum enthält Elemente, die jeweils einem der folgenden Dateitypen entsprechen:

o   Normale Dateien

o   Verzeichnisdateien

o   Spezielle Dateien

o   FIFO Dateien

Normale Dateien:
bestehen aus Bitfolgen und enthalten entweder lesbare Textinformationen oder nichtlesbare binäre Informationen. Z.B. Dokumente, Programme, Shell-Skripts und andere.

Verzeichnisdateien:
sind die Kataloge des Dateisystems. Jede Verzeichnisdatei enthält mindestens zwei Einträge, die wiederum Verzeichnisdateien sind: Der erste Eintrag heisst .. und ist ein Verweis auf das übergeordnete Verzeichnis (parent directory). Der zweite Eintrag mit dem Namen . verweist auf das Verzeichnis selbst. Der Eintrag .. im Wurzelverzeichnis verweist auf /.

Spezielle Dateien:
(Verweise, Geräte) unterscheiden sich von den vorherigen Dateitypen dadurch, dass die Verweise (Soft- oder Hard-Links) weder Dateien noch Verzeichnisdateien sind, dafür aber auf ein Verzeichnis oder auf eine Datei zeigen können. Gerätedateien sind für den Zugriff auf Geräte relevant. Sie sind somit die Schnittstellen für Ein-/Ausgaben zur Tastatur, Maus, serieller oder paralleler Schnittstelle, Disketten- oder CD-Rom Laufwerken, sowie zu Festplatten.

FIFO-Dateien:
auch Pipes genannt, dienen im Wesentlichen dem Informationsaustausch vom Eltern- zum Kindprozess. Die Kindprozesse können normalerweise keine Informationen an den Elternprozess übergeben, aber durch Pipes wird ein gegenseitiger (bidirektionaler) Austausch von Informationen möglich.

8

Um den Inhalt einer Datei zu erkennen, ist es üblich, Namenserweiterungen zu benutzen. So bedeutet beispielsweise die Erweiterung „c", dass es sich bei dieser Datei um eine Datei handelt, die mit der Programmiersprache C erstellt wurde. Shell-Skripts tragen beispielsweise die Endung .sh, .csh oder .ksh. Komprimierte Dateien erkennt man hingegen an der Endung .z, .gz, .taz oder .tgz.

Dateiattribute

Die zu jeder Datei zugehörigen Dateiattribute werden im zugehörigen Inode verwaltet. Dazu zählen Zugriffsrechte, Angaben zum Dateityp, Anzahl der Hard-Links zur Datei, Dateigröße, Besitzer- und Gruppenidentifikation des Besitzers (Erzeuger der Datei), Erstellungsdatum, Datum des letzten Zugriffs und Datum der letzten Modifikation. Beim Anlegen einer Datei trägt der Kernel diese Informationen in den zugehörigen Indode ein und aktualisiert sie eventuell bei anwenderseitigem Zugriff auf die Datei.

Um über Zugriffe die Kontrolle zu behalten, ist eine Einteilung aller Nutzer des Systems nötig. Dabei wird unterschieden zwischen Besitzer (user), Benutzergruppen (group) und allen übrigen, die Zugriff auf das System haben (other). Eine Sonderrolle kommt dem Systemverwalter (root) zu, der jederzeit alle Rechte hat. Aufgrund dieser Dreiteilung unterscheidet Linux zwischen Berechtigung zum Lesen, Schreiben und Ausführen von Dateien bzw. Suchen und Wechseln in Verzeichnisse.

Des Weiteren gibt es noch Zusatzattribute, die zum Beispiel die Zugriffsrechte von Anwendungsprogrammen auf Dateien steuern: Das Set-User-ID-Bit (Magic-Bit) und das Set-Group-ID-Bit verleihen einem Programm die Zugriffsrechte auf Dateien, die der Besitzer hat, beziehungsweise der Gruppe, der er angehört. Dies ist besonders dann erforderlich und wichtig, wenn ein Anwender ein Programm aufruft, das seinerseits geschützte Dateien bedient. Möchte zum Beispiel ein User sein Passwort ändern, benutzt er das Programm passwd, das dem root gehört. Passwd dient der Modifikation eines in der Datei /etc/passwd befindlichen Passwort-Eintrags. Allerdings hat allein der root die Schreibberechtigung für diese Datei. Da aber in den Zugriffsrechten des Programms passwd das Set-User-ID-Bit (sowie auch das Set-Group-ID-Bit) gesetzt ist, ist jedem Anwender eine Modifikation der Datei möglich, im dem Rahmen, wie es das Programm zulässt.

Das folgende Beispiel soll einen Einblick zu den Attributen einer Datei liefern. Dies geschieht mit dem Aufruf **ls –l**. Abbildung 3 zeigt die dabei erzeugte Ausgabe auf dem Bildschirm und erläutert die wesentlichen Inhalte.

Darstellung von Dateiattributen

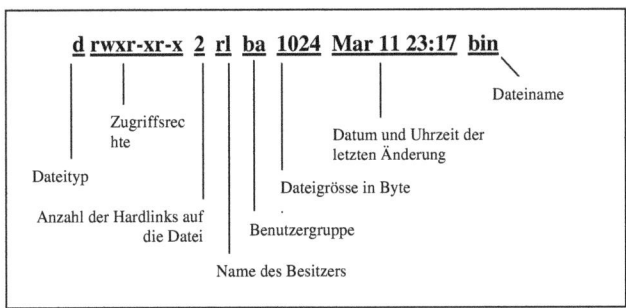

Abb. 3

Der am Anfang stehende Buchstabe gibt Auskunft über den Dateityp. Wenn ein Minuszeichen dort steht, bedeutet dies, dass es sich um eine ganz normale Datei handelt. Verzeichnisse werden mit einem d und Soft-Links mit einem l gekennzeichnet. Die Darstellung von Gerätedateien erfolgt durch ein c (zeichenorientiert) oder ein b (blockorientiert). FIFO-Dateien werden durch ein p (Pipe) oder ein s (Socket) kodiert.

Die nächsten 9 folgenden Buchstaben beschreiben die Zugriffsrechte. Die ersten drei Buchstaben stehen für die Rechte des Besitzers, die nächsten drei für die Rechte der Gruppe und letzten drei für die Rechte von anderen. Innerhalb dieser Dreiergruppe kennzeichnet die erste Stelle das Lese-, die zweite das Schreib- und die letzte Stelle das Ausführungsrecht. Dabei steht das **r** für read (lesen), das **x** für execute (ausführen) und das **w** für write (schreiben). Nicht erteile Zugriffsrechte werden durch ein Minus dargestellt.

Kernel

Allgemein

Ein PC-System lässt sich man in mehrere Schichten (Layer) unterteilen:

- Hardware,
- Betriebssystemkern (Kernel),
- Systemprogramme und
- Anwendungssoftware.

Der Begriff Kernel, sowie die Systemprogramme werden dadurch oft unter dem Begriff Betriebssystem zusammengefasst.

Jede Schicht hat ihre fest vorgegebenen Aufgaben, für die sie verantwortlich ist. Die einzelnen Schichten sind hierarchisch angeordnet. Das bedeutet, dass jede Schicht nur auf die darunter liegende Schicht Zugriff hat, um ihre Aufgaben auszuführen.

Die Hardware ist das Fundament des PC-Systems. Sie beinhaltet grundlegende Elemente zur Kommunikation zwischen Anwender und Programmen. Sie stellt aber im Vergleich zur Software einen eher passiven Teil dar, d.h. ihre Komponenten arbeiten nicht von 'alleine', sondern warten auf Anweisungen oder Befehle.

Direkt über der Hardware befindet sich der Betriebssystemkern, das sogenannte *Kernel*. Er bildet die Schnittstelle zwischen dem Anwender und der Hardware. Die Aufgabe des Kernels ist das Betreiben und Nutzen der Hardware. Das Kernel enthält verschiedene Programmteile, um jeweilige Hardware anzusteuern, um z.B. ein Zeichen auf dem Bildschirm auszugeben, oder Informationen auf die Festplatte zu schreiben. Genaugenommen ist der Kernel ein Programm, das aus logischen Komponenten (s. S. 9 oben) besteht.

Die logischen Komponenten des Kernels:

- o Prozessmanager,
- o Speichermanager,
- o Dateisystem und
- o I/O-System

Jedes Kernel-Modul stellt Dienste bereit, die durch Systemaufrufe zugänglich sind. Systemaufrufe sind Funktionen, die das Betriebssystem zur Verfügung stellt, um mit den angeschlossenen Geräten arbeiten zu können.

Ein Systemaufruf aus einem Anwendungsprogramm könnte zum Beispiel lauten:

„Speichere die folgenden 64 Zeichen an der Stelle 1215.“

Dieser Systemaufruf ist unabhängig vom verwendeten Speichermedium. Dadurch kann z.b. aus Gründen der Leistungssteigerung die Hardware getauscht werden, ohne dass die Anwendungsprogramme davon betroffen sind oder dies registrieren.

<u>Der Kernel</u>

Der Kernel enthält eine Menge von Funktionen, die der Anwender aber nicht direkt nutzen kann, sondern die nur eingebettet in Systemprogrammen zur Verfügung stehen.
Um unabhängig von der individuell eingesetzten Hardware zu sein, speichert das System die Kenntnisse über die tatsächlich vorhandenen Hardwarekomponenten nur im Kernel. Anwendungsprogramme wissen nur, was sie machen können (Text drucken, Bilder darstellen) aber nicht womit (Festplatte von IBM, Drucker von Canon, ect.).

Die System- und Dienstprogramme ermöglichen dem Anwender die Arbeit mit dem PC. Durch zusätzliche Angaben beim Aufruf, die Parameter, können die Systemprogramme an die jeweiligen Anforderungen angepasst werden, z.b. die Ausgabe von Meldungen auf dem Bildschirm. Zusätzlich übernehmen sie auch Funktionen, die nicht durch den Kernel realisiert werden, wie Sortieren und Drucken von Text.

Die Anwendungssoftware dient im Allgemeinen dazu, dem Benutzer des PCs bestimmte alltägliche Arbeiten zu erleichtern oder ganz abzunehmen. Die wohl bekanntesten Anwendungen sind Textverarbeitung, Tabellenkalkulation, Datenbanken und nicht zu vergessen: Spiele.
Der Kernel wird von Linus Torvalds verwaltet. Jede Änderung wird durch ihn kontrolliert.

Prozesse

In Multitasking Betriebssystemen wie Linux oder auch UNIX muß die Prozessorzeit auf verschiedene Prozesse verteilt werden. Dazu gibt es einen ‚Scheduler' der dafür sorgt, dass die Prozessorzeit möglichst optimal zugeteilt wird. Prozesse, die auf das Ergebnis (ein Interrupt oder Signal) eines anderen warten, können beispielsweise so lange ‚schlafen', bis das erwartete Ereignis eingetreten ist. Danach setzt der Kernel die ruhenden Prozesse in Gang und teilt ihnen wieder Prozessorzeit zu. Trotzdem gibt es natürlich in der Regel mehr als einen lauffähigen Prozeß. Und der Scheduler muss nach bestimmten Regeln den lauffähigen Prozessen Rechenzeit zuteilen. Dabei benutzt er unter anderem den nice-Wert. Will ein Anwender nice, das heißt nett, zu den anderen Benutzern des Systems sein, startet er die Prozesse, die etwas länger dauern dürfen, mit dem nice-Kommando.

Alle Benutzeraktivitäten unter Linux finden in irgendwelchen Prozessen statt. Ein solcher Prozess besteht nicht nur aus einem Programm im Speicher. Zum Prozess gehört die Gesamtheit aller Systemdaten eines Programms. Dazu gehört die Prozessumgebung, die Prozessgruppe, der Eigentümer, das kontrollierende Terminal, die von dem Programm geöffneten Dateien (auch Devices), das Arbeitsverzeichnis und eine Menge weiterer Daten.

Ein neuer Prozess entsteht, indem ein laufender Prozess sich mit dem *fork* Systemaufruf teilt. Dabei wird ein neuer Eintrag in der Prozesstabelle angelegt und ein paar weitere Datenstrukturen werden initialisiert. Damit ist ein neuer lauffähiger Prozess entstanden, der als Kindprozess (child process) bezeichnet wird.

Der Scheduler wählt aus den lauffähigen Prozessen jeweils den Prozess mit der höchsten Priorität aus und teilt ihm Rechenzeit zu. Wenn ein neuer Eintrag das erste Mal vom Scheduler aufgerufen wird, also Rechenzeit zugeteilt bekommt, befindet sich der Kindprozess (fast) in demselben Speicherbereich, den auch der Elternprozess belegt. Erst wenn der Kindprozess in eine Speicherseite schreibt, wird die Speicherseite kopiert und belegt so eigenen Raum im Arbeitsspeicher (copy on write). Durch einen *exec*-Systemaufruf kann der Kindprozess ein neues Programm in den Speicher laden. Auch dabei wird vom Kernel nicht sofort der gesamte Programmtext in den Speicher geholt (der dann immer neue Seiten des Speicherbereichs des Elternprozesses überschreiben würde und deshalb in einen neuen Speicherbereich kopiert werden müsste), sondern es werden nur die Speicherseiten geladen, auf die das neue Programm gerade zugreift (demand loading).

In der Praxis verwaltet der Kernel eine Prozesshierarchie, basierend auf dem Prozess mit der Nummer 0, der als erstes den init-Prozess erzeugt. Somit ist der erste Prozess, und damit Vater aller weiteren Prozesse, das init-Programm. Die daraus entstandenen getty-Programme erzeugen die login-Prozesse, die ihrerseits eine Benutzershell starten und damit eine Session eröffnen. Wenn ein Anwender in dieser Shell ein Kommando aufruft, wird die Shell zur Mutter und das aufgerufene Kommando zum Kind. Häufig wartet ein Elternprozeß auf die Beendigung des Kindprozesses; das ist zum Beispiel der Fall, wenn die Shell ein Kommando nicht im Hintergrund ausführt.

Die Prozesstabelle kann mit dem ps-Kommando angesehen werden. Daraus lässt sich unter anderem die Prozeßnummer (PID) und die Nummer des Elternprozesses (PPID) ermitteln.

In der Prozesstabelle werden außerdem die Benutzer- und Gruppennummer (UID, GID) des aufrufenden Benutzers sowie gegebenenfalls davon abweichende effektive Benutzer- und Gruppenkennung (EUID, EGID) festgehalten. Die effektiven Kennungen können durch Änderung der entsprechenden Zugriffsrechte auf die ausführbare Programmdatei geändert werden.

Prozesse können Signale senden und empfangen und auf diese Weise miteinander kommunizieren. Der Benutzer hat die Möglichkeit, mit dem kill-Kommando an dieser Kommunikation aktiv teilzunehmen.

Shells (Kommandointerpreter = Eingabeübersetzer)

Was ist eine Shell? Eine Shell ist eine Art Benutzerschnittstelle zwischen dem Linux-System und dem Anwender. In erster Linie wird die Shell zum Aufruf von Linux-Kommandos und Programmen eingesetzt und stellt somit einen Kommandointerpreter dar (wie zum Beispiel command.com unter MS-DOS).

Weiterhin kann man mit einer Shell Arbeitsabläufe automatisieren, so dass man sie auch als Programmiersprache bezeichnen kann. Einige Shells machen es sogar möglich innerhalb dieser Programme Variablen, Schleifen, Abfragen usw. zu verwenden. Diese Programme bezeichnet man dann als Stapel-Datei, Batch-Datei, Shell-Skript, Shell-Prozedur oder ähnlich. Auf jeden Fall handelt es sich dabei immer um einfache Textdateien, die von der Shell interpretiert und ausgeführt werden können.

Unter Linux gilt die *bash* („boune again shell") als Standard-Shell, sowie als Kommandointerpreter.
Je nach Installation von Linux stehen auch andere Shells zur Verfügung. Die meisten Unterschiede zwischen einzelnen Shells bestehen in der Verwendung verschiedener Syntaxe bei der Kommandoeingabe und der Programmierung. Die Entscheidung für die Verwendung einer Shell kann einem niemand abnehmen. Jede Shell hat ihre Vor- und Nachteile. Diese gilt es abzuwägen und dann zu entscheiden, mit welcher man sich am besten arangiert.

Man kann während des Betriebes von Linux zwischen den Shells wechseln (sofern mehrere installiert sind). Mit *bash* oder *sh* gelangt man in die Bash-Shell, mit *ash* in eine etwas kleinere Variante von *bash* (ideal für Rechner mit wenig RAM). Mit *ksh* oder *pdksh* in die Korn-Shell oder mit *csh* bzw. *tcsh* in die C-Shell. *Exit* dagegen führt in die jeweils letzte aktive Shell zurück. Allerdings sollte man darauf achten, welche Linux-Distribution man verwendet, denn die Shells unterliegen auch der GPL, so dass teilweise Abweichungen zu den Originalen auftreten können. Will man wissen, in welcher Shell man sich gerade befindet, ist dies mit der Eingabe *echo $0* relativ schnell herauszufinden. Durch die Eingabe dieses in allen 3 Haupt-Shells befindlichen Kommandos erzeugt man die Ausgabe der aktiven Shell auf dem Bildschirm.

Für jeden unter Linux angemeldeten Anwender gibt es eine eigene Default-Shell. Diese wird nach dem Einloggen automatisch gestartet. Um sie zu verändern muss die Datei *passwd* bearbeitet werden, denn dort wird die Shell als letzter Eintrag in der Zeile jeden Anwenders genannt.
Die Änderung kann aber auch auf andere Art und Weise erfolgen. Statt die *passwd* zu verändern, für die meist sowieso nur der root das Schreibrecht besitzt, können sie auch direkt *chsh* eingeben (change shell) und somit die Shell wechseln. Die Shell-Programme sind im Verzeichnis /bin gespeichert. Man muß somit zum Beispiel /bin/csh angeben, um mit der C-Shell zu arbeiten.

Abschließendes

Verbreitung, sowie Vor –und Nachteile von Linux

Linux als Betriebssystem erfreut sich zunehmender Beliebtheit, auch bei Menschen, die nicht direkt in der Informationsbranche arbeiten.

Als Vorteile werden hierbei genannt, dass Linux:

o   kostenlos oder sehr billig zu bekommen ist

o   es mittlerweile sehr benutzerfreundlich ist und stabil läuft

o   je nach Distribution, mit einer Vielzahl von Zusatzprogrammen ausgestattet ist

Als Nachteil wird oft aufgeführt, dass:

o   die Installation von Linux, je nach Distribution recht kompliziert und langwierig ist

o   die Arbeitsoberfläche und die Zusatzprogramme, für Neueinsteiger z.T. sehr verwirrend sind.

Eine Umfrage, in welchen bereichen Linux am häufigsten eingesetzt wird, kam zu folgendem Ergebnis:

Antwort	Anzahl	Prozent
In der Firma	1220	(18 %)
In der Uni	1126	(17 %)
In der Schule	132	(2 %)
Zuhause	4141	(61 %)
Gar nicht	128	(2 %)
Insgesamt	**6747**	**(100 %)**

Abb. 4[1]

---

[1] Quelle: www.Linux.de

Begründung der Themenwahl

Da in der Entwicklungsabteilung (Research & Development) meiner Firma seit längerem darüber nachgedacht wird, wie man auf die zunehmende Bedeutung von Linux als Betriebssystem, auch in größeren Firmennetzwerken, reagieren kann, setzt sich seit kurzem ein Team von drei Leuten damit auseinander, wie man die Firmeneigenen Anwendungen unter Lotus Lotes auf Linuxservern realisieren könnte.

Ich wurde damit beauftragt mich in das Betriebssystem Linux einzuarbeiten.

Aus diesem Grund habe ich das Betriebssystem Linux als Thema für meine Praxisarbeit ausgewählt.

Literaturverzeichnis

Göstenmeier, R.; Rehn-Göstenmeier, G.: „Linux – Das Einsteiger-Seminar"; bhv; 1998

Hantelmann, F.: „Linux für Durchstarter"; Springer-Verlag;1999

Kofler, M.: „Linux – Installation, Konfiguration und Anwendung"; Addison-Wesley-Verlag; 1995

www.linux.de/poll, www.suse.de/de/linux/index.html, www.linux-magazin.de/ausgabe